LE CURÉ

DE

NOTRE-DAME DE LONGPONT

ET

LE PÈLERINAGE

DE

NOTRE-DAME-DE-BONNE-GARDE

Se vend au profit de la restauration de l'église Notre-Dame de Longpont.

Prix : **25** CENT.

PARIS

SOCIÉTÉ GÉNÉRALE DE LIBRAIRIE CATHOLIQUE

25, rue de Grenelle-Saint-Germain, 25.

LE CURÉ

DE NOTRE-DAME DE LONGPONT

ET

LE PÈLERINAGE

DE NOTRE-DAME-DE-BONNE-GARDE

« J'ai été dévoré du zèle de la Maison de Dieu. »
(Ps. 68, 10.)

M. ARTHAUD

(JACQUES-JULIEN-AUGUSTE)

Curé de Notre-Dame de Longpont

Chanoine honoraire de la cathédrale de Versailles,

Directeur de l'Archiconfrérie Notre-Dame-de-Bonne-Garde.

Ceux qui l'ont connu l'ont aimé ; la bonté était le fond de son âme ; l'aménité le caractère dominant de son aimable et douce physionomie.

On croit répondre au désir de ses nombreux amis en consacrant quelques pages, malheureusement incomplètes, à sa pieuse mémoire et en retraçant le cours d'une existence assurément bien remplie et qui ne manque pas d'importance, sous une apparence humble et modeste.

Ses paroissiens le pleurent ; leur douleur les honore aussi bien que celui qui en est l'objet. Il comprit ces pauvres enfants, comme il les appelait, et eux répondirent à la tendresse de ce cœur de père !

Une église de Pèlerinage est autre chose qu'une paroisse, ou si l'on veut, c'est une paroisse dont les limites s'étendent indéfiniment. Les paroissiens du bon curé ne furent pas seulement ceux qui vivaient autour du sanctuaire béni de Longpont, mais les multitudes qui accouraient pour rendre hommage à la Sainte Vierge, « à la bonne Mère, » ainsi qu'il aimait à la nommer. Tous étaient accueillis à bras ouverts avec une affabilité charmante qui dilatait et gagnait les cœurs. Ceux qui l'ont suivi à la sacristie après les beaux et touchants offices des fêtes de Marie, n'oublieront jamais ce cher et regretté M. Arthaud distribuant des médailles, des chapelets, des images, inscrivant sur le registre de l'Archiconfrérie les noms des nouveaux venus, montrant le trésor et les précieuses reliques, ayant pour chacun un mot de piété aimable avec des attentions pleines de délicatesse et d'à-propos. Comme il compatissait aux peines dont il recevait la confidence : Ah qu'il est bon ! se disait-on avec un attendrissement qui ramenait le pèlerin consolé et fortifié aux pieds de Notre-Dame, car tout en lui reportait l'âme vers Dieu, vers la Très-Sainte Vierge et les Saints.

Une élocution facile, beaucoup de tact et de mesure, une extrême délicatesse, une foi ardente et communicative, tous ces dons réunis attiraient, captivaient les cœurs ; toujours simple, jamais vulgaire, il laissait à ceux qui avaient le bonheur de l'approcher une impression d'édification douce et pénétrante. On ne l'entendait jamais parler de lui, de ce qu'il avait fait ou comptait faire ; discrétion remarquable dans un temps où Dieu sait si on est avare de professions de foi et de programmes de toute espèce.

Priant sans cesse, il voyait ce qu'il devait voir, et son recueillement ne l'empêchait pas de veiller à ce que tout fût en ordre autour de lui. D'une indulgence à toute épreuve, il ne témoignait que par un silence attristé combien il souffrait des contrariétés qui ne lui étaient pas toujours épargnées. Mais il était hors de lui sur le sujet des prêtres indignes : c'est qu'il plaçait bien haut dans son estime le ministère sacré, et qu'il avait un sentiment très-vif de la responsabilité qu'il comporte ! « Ah ! s'écriait-il avec une » émotion indicible, on ne prie pas assez pour nous, » qui avons besoin de secours plus que personne au » monde ! »

Il écrivait brièvement, sans phrases inutiles, sachant glisser dans ses lettres une pensée fortifiante sous une forme à lui :

« La croix n'est pas une lourde massue, mais un

» bâton de voyage. » C'était une de ses maximes favorites.

Quand il parlait de Notre-Dame-de-Bonne-Garde, il fermait les yeux, joignait les mains. « Ah! si l'on » savait ce que je sais de la puissance de cette bonne » Mère !!! » Et des larmes coulaient le long de ses joues (1).

Les personnes qui s'adressaient à lui en confession, frappées de ce grand amour de Dieu, sentaient bientôt qu'elles avaient affaire à une âme d'un mérite extraordinaire. Il a été, pour un grand nombre, l'instrument des divines miséricordes et a ramené au

(1) Il lui fut donné de constater les effets de cette puissance dont il parlait avec tant d'émotion. Il y eut des conversions, des grâces de toute espèce, trop nombreuses pour être ici mentionnées en détail. Plusieurs guérisons extraordinaires et presque instantanées sont déjà connues, et tout dernièrement encore l'hymne de la reconnaissance retentissait à la louange de Marie, qui venait de rendre la paix et la santé à une pauvre malade sur laquelle il ne nous convient pas d'arrêter l'attention du lecteur.

bercail bien des brebis errantes. Que de traits touchants il aurait pu tirer, s'il l'avait voulu, de sa vaste et laborieuse correspondance ! Mais il n'aimait pas ce qui ressemblait tant soit peu à la réclame, ayant à cœur que tout se fît uniquement par « Notre-Dame » elle-même. »

Lui reprochait-on de ne s'être pas assez occupé de telle ou telle personne influente venue en Pèlerinage ? il répondait en souriant : « C'est la bonne » Mère qu'on vient visiter ; son petit curé n'est rien. » Mais les humbles et les affligés étaient l'objet de ses attentions les plus prévenantes.

Quand les murs de sa chère église menacèrent de tomber en ruines, il s'abstint de dire aux zélateurs et aux zélatrices ce qu'il voulait qu'on fît ; tous et toutes, d'un commun accord, décidèrent qu'il fallait rendre à l'édifice son ancienne splendeur : alors son visage rayonna de joie !

Les questions d'argent étaient peu du goût de M. Arthaud et ceux qui veillaient aux intérêts de l'église, avaient à combattre l'excès de son désintéressement. Sans doute, il aidait par la prière, mais mais on ne pouvait obtenir qu'il demandât, ce qui aurait été bien autrement efficace que les efforts des zélateurs et zélatrices réunis.

Son activité était infatigable, il dormait peu et se levait de grand matin pour se rendre aussitôt à son église. Très-simple dans ses habitudes, il se contentait de l'ordinaire le plus frugal qu'il prenait en courant, ne ménageant jamais ses forces, même en temps de maladie. Point d'austérité apparente, ce qui n'empêchait pas qu'il fût d'une grande sévérité pour lui-même, car pour autrui, ses attentions étaient infinies.

Avec cela, une persévérance indomptable, jamais ébranlée pendant le cours de 34 années où il fut, selon son expression, « *le gardien du sanctuaire de* » *Notre-Dame-de-Bonne-Garde.* »

Sa foi si grande le mit au-dessus des épreuves et des mortifications de toute sorte qui ne manquèrent· pas à son œuvre, on peut le penser ; mortifications d'autant plus sensibles qu'elles semblaient s'adresser au culte même de Celle dont l'honneur lui était cher par-dessus tout.

NOTICE SUR M. ARTHAUD

La biographie de ce saint prêtre est bien simple ;
il nous reste à en esquisser les traits principaux.

M. Arthaud (Jacques-Julien-Auguste), naquit au
sein d'une honnête famille de Franche-Comté, en
1809. Entré au séminaire de Versailles le 1er octobre 1829, aussitôt après avoir reçu la prêtrise, 14
février 1835, il fut nommé curé à Houilles (Seine-
et-Oise), où il demeura huit ans. Jusqu'aux derniers
jours de sa vie ses anciens paroissiens venaient le
visiter à Longpont, touchante preuve de la charité de

ce bon pasteur et des sentiments de reconnaissance qu'elle avait su inspirer à ses premières ouailles.

M. Arthaud arrive à Longpont le 16 avril 1843 ; il trouve l'église nue, abandonnée, portant encore les traces des dévastations de 93 ; le trésor des reliques, éparpillé dans des armoires poudreuses, les reliquaires en pièces, l'antique Confrérie représentée par une seule personne, dernier anneau de cette longue chaîne des pieux serviteurs de Marie.

Une seule fête du Pèlerinage se célébrait encore : le mardi de la Pentecôte, jour où l'on portait à la procession le buste et les reliques de sainte Julienne.

Le nouveau curé de Longpont se met à rechercher sur quels fondements repose la tradition orale relative au Pèlerinage et à l'antique Confrérie. On se représente ses émotions lorsqu'il retrouva dans les archives les brefs pontificaux et dans les combles du vieil édifice mainte preuve irrécusable de ce glorieux passé !

Peu à peu, rapportent les anciens de la paroisse, l'église est transformée, une sorte de maîtrise est établie, enfants de chœur, chantres, apprennent à célébrer dignement les louanges de Dieu ; un organiste formé à l'Institut des jeunes aveugles, accompagne le chant sur un orgue aux sons harmonieux ; les autels se relèvent et se décorent, un splendide luminaire brille aux jours de fête et les ornements sacerdotaux répondent enfin par leur décence et même par leur richesse à la dignité des saints mystères. Alors les précieuses reliques apparaissent dans de nouvelles châsses ; plus tard, une chapelle disposée au-dessus de la sacristie les reçoit ; le pieux curé prend plaisir à augmenter selon ses propres expressions : « cette cour mystérieuse de Notre-Dame-de-Bonne-Garde. »

On doit à M. Arthaud l'augmentation de la richesse extraordinaire de ce pieux trésor que beaucoup de cathédrales envieraient à l'église de Longpont.

M. Arthaud apportait un soin tout spécial à l'instruction des enfants; le cathéchisme était une de ses plus chères occupations. Il y mettait tout son cœur et toute son âme. Longtemps il fut seul à la peine, et le travail croissait de jour en jour; jamais ses devoirs de curé ne souffrirent de l'œuvre du Pèlerinage.

Quelque temps qu'il fît, un jour d'enterrement, il allait faire lui-même la levée des corps à l'extrémité de sa paroisse. Souvent, après une grande cérémonie où il s'était prodigué, on le vit partir pour un hameau éloigné, brisé de fatigue, mais s'exécutant de la meilleure grâce du monde.

Venait-il à découvrir dans des jeunes gens qu'il

connaissait quelqu'indice de vocation, il cultivait avec sollicitude ce germe précieux. Plusieurs de ses protégés moururent avant d'avoir pu réaliser ses espérances; mais l'un d'entre eux, devenu son vicaire et le dépositaire naturel des traditions du Pèlerinage, a eu la consolation de lui fermer les yeux.

Les Pèlerinages se multipliant, une médaille et une image sont offertes à la piété des pèlerins, la Confrérie est rétablie canoniquement par Mgr Gros, elle est enrichie de nouvelles indulgences par Sa Sainteté Pie IX; ses membres se comptent bientôt par milliers. Les deux premiers noms inscrits sur les nouveaux registres sont : le nom de Mgr Vérolles, évêque de Mandchourie, dont on connaît la sainteté, et celui du vénérable curé d'Ars, qui peut-être un jour prendra place sur les autels. A leur suite, tous les cardinaux français, un grand nombre d'évêques, des prêtres et des communautés religieuses..... Le Saint-Père, informé de ce merveilleux accroissement, élève la Confrérie à la dignité d'Archiconfrérie, en lui accordant de nouvelles indulgences et l'autorisation de porter ses couleurs au cordon de la médaille (1).

M. le Curé organise deux conseils de zélateurs et de zélatrices de l'Archiconfrérie placés sous sa direction. Les relations s'étendent, les fêtes régulières du Pèlerinage sont célébrées avec la solennité et la pompe des anciens jours.

On voyait alors le presbytère ouvert à tous les pèlerins, et les pieux confrères de l'excellent prêtre assis à sa table en compagnie des zélateurs de l'Archiconfrérie. Quand il s'était assuré que rien ne manquait à ses convives, M. Arthaud s'éclipsait et courait à son église pour mettre la dernière main

(1) La statue de Notre-Dame-de-Bonne-Garde a été couronnée au nom du Saint-Père par Mgr Sivet, prélat romain.

aux préparatifs de la fête. Quelle activité il y déployait! et quel heureux succès couronnait ses efforts! On ne se lassait pas d'admirer l'ordre, le bon goût, la somptuosité même qui régnait partout; tout cela obtenu avec de si minces ressources!

Tant de zèle, suivi de si heureux résultats, était grandement apprécié en haut lieu, et il convenait, pour l'édification commune, que M. Arthaud reçût de l'autorité ecclésiastique des encouragements assurément bien mérités. « Comment va votre saint » Curé? » demandait Mgr Mabile chaque fois qu'il rencontrait un paroissien de M. Arthaud, et il ajoutait avec une bonté touchante « qu'il aimait beau- » coup son Longpont. »

Un jour de Pèlerinage, le 2 juillet 1863, Sa Grandeur déjeunait au château; MM. les ecclésiastiques réunis au presbytère s'accordèrent pour demander à leur évêque de récompenser publiquement le zèle et les mérites du curé de Longpont, en le nommant Chanoine honoraire de Versailles.

Le doyen du canton, curé de Lonjumeau, se rendit auprès de Sa Grandeur pour lui exprimer le vœu de tous ses confrères. « C'était bien mon in- » tention, répondit Mgr Mabile, mais je suis heu- » reux d'être devancé par votre initiative : c'est » accordé. »

Quand à la fin de la journée, à l'issue des céré- monies, M. le Doyen, monté sur une chaise, annonça la joyeuse nouvelle à la nombreuse assemblée palpi- tante d'émotion, ce fut un spectacle des plus tou- chants : le bon curé stupéfait ne savait où se cacher, confus d'un honneur que lui seul croyait immérité.

Grâce à la généreuse charité des habitants du château, on peut dire qu'il n'y a pas de pauvres à Longpont, ce qui mettait M. Arthaud à l'aise pour faire le bien sous une autre forme.

Tout ce qu'il recevait à titre d'offrandes, son casuel, une partie même de son mince traitement, tout cela servait au développement de l'œuvre bénie. Il se défit, dans le même but, d'une partie de son patrimoine, et après 34 ans de son ministère pastoral, il a laissé, pour tout héritage, 1,800 fr. de capital légué à de bonnes œuvres, et son petit mobilier évalué à 900 fr. et provenant en majeure partie de cadeaux. Sur la fin, il vendit aussi des couverts d'argent qu'on lui avait donnés : le prix servit à payer les cloches de la paroisse.

C'est ainsi que les curés s'enrichissent..... pour le Ciel ! Il est bon de le dire, ces exemples, Dieu merci, ne sont pas rares dans notre admirable clergé français, et ils mériteraient la reconnaissance, tout au moins le respect de ceux qui se disent les amis du peuple et ne savent le plus souvent que l'égarer, en lui inspirant le mépris de la religion et la haine du prêtre.

Atteint d'une grave maladie, M. Arthaud souffrit plusieurs années sans se plaindre ; il comprit qu'il n'avait plus longtemps à vivre et qu'il ne verrait pas l'achèvement de l'œuvre de sa vie. Ayant fait appeler son confesseur, il reçut avec foi les derniers sacrements de l'Eglise et rendit le dernier soupir le 30 avril 1877, dans la matinée, à l'âge de 69 ans.

Son vénérable évêque, Mgr Mabile, remettait saintement son âme à Dieu, quelques jours plus tard, à Rome, où il était venu baiser une dernière fois les pieds de notre bien-aimé Pie IX.

Le 3 juillet 1875, Mgr Mabile avait solennellement posé la première pierre de la restauration de l'église. Ce jour-là, Sa Grandeur, du haut de la chaire, prononça ces paroles qui rendent au zèle du curé de Longpont un hommage bien mérité, en même temps

qu'elles proclament les titres glorieux et la sainteté
du Pèlerinage : « Oui, je ne crains pas de le dire,
» c'est Longpont qui le premier a donné le mouve-
» ment de retour des Pèlerinages ; il le devait, car
» Longpont est un des plus anciens Pèlerinages de
» France..... »

HISTOIRE DU PÈLERINAGE

DE

NOTRE-DAME-DE-BONNE-GARDE

ÉGLISE NOTRE-DAME-DE-LONGPONT

ET

LE PÈLERINAGE

A quelques lieues de Paris, près de Saint-Michel, chemin de fer d'Orléans, se trouve l'église Notre-Dame-de-Longpont. Ce Pèlerinage remonte, selon toute apparence, aux temps apostoliques. A travers les siècles, on en suit le développement. — Un historien du XIIIᵉ siècle relate que les infirmes et les perclus y étaient apportés de pays fort éloignés.

La chronique de Montlhéry assure que du temps des Druides, des bûcherons trouvèrent dans le creux d'un chêne de la forêt de Longpont l'image d'une femme tenant un enfant dans ses bras, avec cette inscription : *Virgini Pariturœ;* la tradition ajoute que saint Denys, l'apôtre des Gaules, aurait appris aux habitants de cette contrée quelle était cette Vierge-Mère annoncée par les prophètes, et qu'en chargeant saint Yon ou Ionas, son disciple, d'évangéliser la vallée de l'Orge, il lui aurait confié le soin d'élever un Oratoire sur l'emplacement du chêne où l'image fut trouvée. C'est aussi à cette place que fut posée par le roi Robert-le-Pieux, accompagné de l'évêque de Paris, le 25 mars, fête de l'Annonciation, en l'an mil, la première pierre de l'église actuelle, qui ne cessa d'être visitée par les Saints et les Rois.

Il est incontestable que saint Hugues, abbé de Cluny, saint Bernard, saint Louis roi de France, Louis VI, Louis VII, Philippe-le-Hardi et Philippe-le-Bel, Charles VIII et Anne de Bretagne y vinrent souvent et en furent les bienfaiteurs.

Parmi les Souverains-Pontifes dont on a des brefs, il faut citer Eugène III (1155), Alexandre III, Alexandre VII (1) et Pie IX.

L'église de Longpont renferme un trésor incomparable de reliques. On en compte plus de trois cents des plus rares et des plus authentiques. Ces reliques, renfermées dans de belles châsses, sont portées par les pieux Pèlerins le lundi et le mardi de la Pentecôte, à la procession qui se déploie sur le territoire de la commune de Longpont.

Au point de vue de l'archéologie et des arts, ce monument est aussi remarquable et précieux; par ses belles proportions et le style roman de son architecture, il fait l'admiration des archéologues et gens de goût qui le visitent.

(1) Il existait même une copie d'un bref d'Alexandre VII, portant concession d'indulgences aux confrères de Notre-Dame-de-Bonne-Garde.

Dévasté au XVI⁰ siècle par les protestants, oublié en 1793, il subit en 1820 la plus désastreuse muti-lation; pour éviter des frais de réparations néces-saires, le Conseil de fabrique, d'accord avec le Conseil municipal, fit raser l'abside et la chapelle de Notre-Dame-de-Bonne-Garde, réduisant l'église aux trois nefs qui seules furent conservées.

C'est pour rétablir l'église en son intégrité et sa splendeur primitive, la consolider en ce qui reste et lui rendre les dimensions nécessaires à l'affluence des visiteurs aux jours des Pèlerinages, que l'entre-prise de restauration a été commencée sous les aus-pices du vénérable M. Arthaud, avec les bénédictions de Mgr Mabile, de sainte mémoire (1).

C'est pour continuer et achever que le concours des fidèles est demandé.

(1) La première pierre de la restauration a été portée à Rome et a été bénite par le Souverain-Pontife.

FÊTES PRINCIPALES

Fête des Saintes Reliques : les dimanche, lundi et mardi de la Pentecôte (Pèlerinage annuel).

2 juillet, 2 août, 15 août : Indulgence de la Portioncule.

Neuvaine commençant le 7 septembre jusqu'au 15, pour la fête de la Nativité.

Le 1er dimanche d'octobre, fête de saint Denys : fête de l'Archiconfrérie.

Pour la restauration du sanctuaire de Longpont, on peut envoyer les offrandes :

Au presbytère de l'église de Longpont, par Montlhéry (Seine-et-Oise) ;

A M. Deschars, notaire à Paris, 9, rue de Grenelle ;

A M. l'abbé Jouan, sous-directeur de l'Archiconfrérie, 1, rue Bourdaloue, à Paris ;

Aux Présidents et Présidentes du Comité des zélateurs et zélatrices de l'Archiconfrérie.

Rennes, typographie et lithographie Alphonse LEROY Fils
Paris, 24, rue de Saint-Quentin, J. Deneau, représentant.